जंगल का कहानी उत्सव

कहानी **जानकी सबेश** चित्र **देबोस्मिता मजुमदार**

अनुवाद **वीणा शिवपुरी**

Tulika

Jangal Ka Kahani Utsav (Hindi)

ISBN 978-93-86667-08-3

First published in India, 2018
Reprinted in 2022, 2024

Originally in English

Published by
Tulika Publishers, 305 Manickam Avenue, TTK Road, Alwarpet, Chennai 600 018, India
email reachus@tulikabooks.com *website* www.tulikabooks.com

Printed and bound by
SS Colour Impression, Chennai, India

जंगल की एक बहुत व्यस्त सुबह थी।
शुतुरमुर्ग अपने दोस्तों को जंगल के कहानी
उत्सव के लिए तैयार होते हुए देख रहा था।

गिलहरी कार्यक्रम की सब तैयारी के लिए
यहाँ-वहाँ दौड़ रही थी।

"गि-गि-गिल्लू, क्या मैं भी एक
क-क-कहानी सुना सकता हूँ?"
शुतुरमुर्ग ने पूछा।

"तुम आकर सुन सकते हो, शुतुरू!"
गिलहरी हँस पड़ी।

"बु-बु-बुद्धू शुतुरू," बंदर ने शुतुरमुर्ग की नकल करते हुए कहा।

"क-क-कैसे कहानी सुना सकता है तू?"
तोता भी कुड़कुड़ाया।

“शायद गिल्लू ठीक कहती है,”
शुतुरमुर्ग ने उदास होते हुए सोचा।
“मुझे जाकर सिर्फ़ सुनना चाहिए।”

जंगल का
कहानी उत्सव

सबसे पहले शेर ने एक कहानी सुनाई।

अगला नम्बर बंदर का था।

और फिर कछुए की बारी आई, अपनी कहानी सुनाने की।

शुतुरमुर्ग उदास होकर देखता रहा। उसका मन कर रहा था कि काश वह भी एक कहानी सुना पाता।

गिलहरी ने घंटी बजाई। कहानी उत्सव का पहला दिन समाप्त हुआ।

अगली सुबह शुतुरमुर्ग ने देखा कि ज़ेबरा अपनी कहानी को दोहरा रहा है।

उसने देखा कि हाथी भी पेड़ के चक्कर लगाते हुए कुछ बुदबुदा रहा है।

दुखी मन से वह सोचने लगा, "मेरे पास भी तो सुनाने के लिए एक इतनी अच्छी कहानी है।"

वह नहीं चाहता था कि कोई उसे रोते हुए देखे,

इसलिए शुतुरमुर्ग एक शांत-सी जगह ढूँढकर ज़मीन पर लेट गया . . .

. . . और उसकी नज़रों के ठीक सामने थे चुहिया मम्मी

और उनके छोटे-छोटे दो बच्चे, एली और मेली।

"तुम रो क्यों रहे हो, शुतुरू?" चुहिया मम्मी ने पूछा।

"मैं भी अपनी क-क-कहानी सुनाना च-चाहता हूँ, क-कहानी उत्सव में, पर कोई मुझे सुनाने नहीं दे रहा," शुतुरमुर्ग बिलखने लगा।

“अरे... शुतुरू, रोओ मत!
चलो, हम तुम्हारा मन बहलाते हैं।
एली, मेली, तुम दोनों खुशियों
वाला गाना क्यों नहीं सुना देते?”
चुहिया मम्मी ने कहा।

एली और मेली गाने लगे:

यह खुशियों का गीत है, चलो मिलकर इसे गाएँ
अपनी इस मुस्कान को हो सके उतना फैलाएँ।

जब सूरज मुस्काता है
धूप खिलखिलाती है
यह खुशियों का गीत है, चलो मिलकर इसे गाएँ।

जब चंदा मुस्काता है
चाँदी-सी चाँदनी झिलमिलाती है
यह खुशियों का गीत है, चलो मिलकर इसे गाएँ।

अपनी इस मुस्कान को हो सके उतना फैलाएँ
यह खुशियों का गीत है, चलो मिलकर इसे गाएँ।

"तुम भी गाओ शुतुरू,"
चुहिया मम्मी ने ज़ोर दिया।

और शुतुरमुर्ग भी गाने लगा।

“अरे शुतुरू, तुमने अभी-अभी अपने आपको सुना? गाते हुए तुम बिलकुल नहीं हकला रहे थे,” चुहिया मम्मी बोली।

“सच में?” चकित होकर शुतुरमुर्ग ने पूछा।

उधर उत्सव शुरू हो चुका था।

सबसे पहले ज़ेबरा ने कहानी सुनाई,
उसके बाद हाथी और तोता।

जैसे ही गिलहरी ने उत्सव समाप्त होने की घोषणा करनी शुरू की, शुतुरमुर्ग ने पूछा, "गिल्लू, क-क-क्या म-मैं भी अपनी क-कहानी सुना सकता हूँ?"

गिलहरी फिर से उसका मज़ाक उड़ाती, उससे पहले ही उसने अपनी कहानी गानी शुरू कर दी।

एक कहानी यहाँ से, एक कहानी वहाँ से,
कहानियाँ हैं जंगल की, बाँटनी हैं सबसे।

बोलना बिन हकलाए, बोलना बिन अटके,
बहुत बड़ी बात है यह, बोलना बिन झटके।

होता है कितना मुश्किल, घूरती नज़रों का सामना,
लेकिन नहीं है कठिन, अब कोई भी कहानी सुनाना।

अब मैं ज़ोर-ज़ोर से बोलूँगा, एकदम खुलकर बोलूँगा,
सुनेंगे सब मेरी कहानी, जो मैं गाकर सुनाउँगा।

और इस तरह उसने गाकर सुनाया
कि शुतुरमुर्ग की गर्दन लंबी कैसे हुई!

जब कहानी खत्म हुई तो वहाँ एकदम सन्नाटा छा गया। धीरे-धीरे शुतुरमुर्ग ने चारों तरफ़ नज़रें घुमाकर अपने सभी दोस्तों के चकित चेहरे देखे।

फिर एक के बाद एक सभी ने तालियाँ बजानी शुरू कर दीं। ज़ोर से, बहुत ज़ोर-ज़ोर से!